AVVERTENZE GENERALI

TESTO.

Non avendo potuto rinvenire gli autografi scarlattiani, ho considerato come testo le edizioni o i manoscritti più remoti indicati nelle annotazioni.

METODO DI CORREZIONE.

1) Ho corretto, senza farne menzione, tutti gli errori evidentemente dovuti ai copisti.

2) Ho fatto menzione dei passi dubbii, nei quali ho creduto opportuno mutare o sopprimere o aggiungere qualche nota.

(Ho soppressa qualche nota in certi accordi in cui Scarlatti si compiaceva di aggruppare alle note reali dell'armonia una o più note aventi carattere di *acciaccature*. Tali accordi, a prima vista inesplicabili, avranno avuto qualche efficacia sul clavicembalo, ma sul moderno pianoforte sono d'una durezza sgradevole).

Le note aggiunte sono segnate in parentesi. Quelle in parentesi, al basso, in principio di alcuni pezzi, vanno eseguite soltanto nella ripetizione della parte.

Delle misure aggiunte o soppresse è fatto cenno nelle annotazioni.

3) Ho rifatta del tutto l'ortografia, sul concetto d'una più equa distribuzione delle note sui due pentagrammi.

4) Ho corredato i pezzi dei segni di colorito e di fraseggio, della digitazione, del metronomo: e non di rado, non sapendo nei momenti opportuni rinunziare a un prezioso elemento del pianoforte moderno, ho segnato anche il *Pedale*.

INTERPRETAZIONE DEGLI ABBELLIMENTI.

Scarlatti usò spesso l'*appoggiatura*, l'*acciaccatura*, il *mordente*, il *doppio mordente*, il *trillo*; rare volte il *gruppetto*. Ma nei manoscritti v'è così poca distinzione tra un segno e l'altro, ch'io spesso ho dovuto regolarmi con l'aiuto dell'intuito, reso facile e pronto — non oso dire sicuro — dalla famigliarità acquistata con lo stile scarlattiano.

Do qui delle norme per l'esatta esecuzione degli abbellimenti secondo la mia segnatura.

1) L'*appoggiatura* sottrae alla nota seguente il valore rappresentato dalla sua figura.

2) L'*acciaccatura*, che si segna invariabilmente così ♪, va sonata quasi simultaneamente alla nota successiva.

3) I *mordenti* si sviluppano in semicrome e qualche volta in crome come nei tempi rapidi, in biscrome nei tempi moderati e in semibiscrome nei tempi lenti.

Quando son segnati su note di breve valore, seguite immediatamente da un'altra nota, perdono il senso di fermata e vanno sviluppati così:

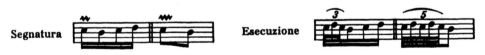

4) Il *trillo* non preceduto dalla *notina*, comincia dalla nota superiore. La figurazione è indicata dalle *notine* di risoluzione.

Mancando le *notine* di risoluzione la figurazione viene indicata dalla *notina* espressamente segnata avanti alla nota reale.

5) Il *trillo* che deve cominciare dalla nota reale, è preceduto da una *notina* omonima cne ne indica la figurazione.

Quando le *notine* risolutive son della medesima figura della *notina* omonima iniziale, il *trillo* ha nella risoluzione una **nota** superante.

Quando la *notina* omonima iniziale e le *notine* risolutive son di figura diversa, la prima indica l'inizio della figurazione **del** *trillo* e le seconde ne indicano lo sviluppo.

Di qualche *trillo* che abbia uno sviluppo speciale è fatto cenno nelle annotazioni.

ABBREVIATURE

C. V. = Codice Veneziano.

C. S. = Codice Santini.

E. O. = Edizione Originale.

ALESSANDRO LONGO

NB. — I pezzi contrassegnati da un (*i*) — inedito —, sono pubblicati qui per la prima volta: quelli contrassegnati da un (*e*), sono edit

Per tutti i pezzi — meno che per i 33 dell'edizione originale, e per alcuni contenuti soltanto nella Raccolta Santini — mi sono attenuto semplicemente ai Codici Veneziani, ch'io verisimilmente reputo ricavati dall'autografo di Scarlatti.

La preziosa Raccolta Santini si deve a questo abate romano che ebbe la costanza di formarsi una biblioteca scritta tutta di suo pugno. Dopo la morte del Santini, la biblioteca fu venduta e la Raccolta Scarlattiana, contenente circa 300 pezzi, passò un giorno in possesso di Brahms; il quale — mentre era in vita — volle donarla alla Biblioteca del Conservatorio di Vienna.

Dell'edizione originale dei 30 pezzi — l'ultimo dei quali è quello che tutti conoscono per la *Fuga del gatto* — non si sa nè il luogo nè il tempo della pubblicazione: in quanto al tempo, è certo che sia prima del 1750, poichè il volume è dedicato a Giovanni V, Re di Porto-. gallo. V'è premessa una magniloquente lettera dedicatoria al Sovrano, e vi sono anche alcune parole al Lettore. Le riproduco perchè in esse appare, come nella sua musica, l'umorismo fine e bonario di Domenico Scarlatti. Eccole:

« Lettore.

« Non aspettarti, o Dilettante o Professore che tu sia, in questi Componimenti il profondo intendimento, ma bensì lo scherzo ingegnoso « dell'Arte, per addestrarti alla franchezza sul Gravicembalo. Nè viste d'interesse, nè mire d'ambizione, ma ubbidienza mossemi a pubbli- « carli. Forse ti saranno aggradevoli, e più allora ubbidirò ad altri comandi di compiacerti in più facile e variato stile: mostrati dunque « più umano che critico: e si accrescerai le proprie dilettazioni. Per accennarti la disposizione delle mani, avvisoti che dalla D viene indicata « la Dritta, e dalla M la Manca. Vivi felice ».

Con questo augurio prendo anch'io commiato da quegli studiosi che si interesseranno alla presente pubblicazione, indulgendo all'opera mia.

A. L.

A Kalmus Classic Edition

Domenico

SCARLATTI

THE COMPLETE WORKS

IN ELEVEN VOLUMES
AND THEMATIC INDEX

VOLUME III

FOR PIANO

K 09464

Kalmus

AVERTISSEMENTS GÉNÉRAUX

TEXTE.

N'ayant pu mettre la main sur les autographes de Scarlatti, j'ai considéré comme texte les éditions ou les manuscrits les plus anciens indiqués dans les annotations.

MÉTHODE DE CORRECTION.

1) J'ai corrigé, sans les mentionner, toutes les erreurs évidentes dues aux copistes.

2) J'ai mentionné les passages douteux dans lesquels j'ai trouvé utile de changer, de supprimer ou d'ajouter quelque note.

(J'ai supprimé quelque note dans certains accords où Scarlatti se plaisait à grouper, avec les notes réelles de l'harmonie, une ou plusieurs notes ayant le caractère d'une acciaccature. Ces accords, inexplicables à première vue, auront eu quelqu'efficacité sur le clavecin, mais sur le piano moderne ils ont une dureté fort désagréable).

Les notes adjointes sont mises entre parenthèses. Celles, entre parenthèses, à la basse, au commencement de certains morceaux, doivent s'exécuter seulement dans la reprise.

Des mesures adjointes ou supprimées il est fait mention dans les remarques.

3) J'ai complètement refait la notation en distribuant d'une façon plus rationnelle les notes sur les deux portées.

4) J'ai complété les morceaux par des signes de coloris et de phrasé, de doigté, de métronome et parfois, ne sachant, à certains moments opportuns, renoncer à un précieux élément donné par le piano moderne, j'ai aussi marqué la Pédale.

INTERPRÉTATION DES ORNEMENTS.

Scarlatti fit fréquemment usage de l'appoggiature, de l'acciaccature, du mordant, du double mordant, du trille, mais rarement du gruppetto. Toutefois il y a si peu de différence entre un signe et l'autre que j'ai dû, bien souvent, me remettre à mon intuition rendue facile et prompte — je n'ose dire sûre — grâce à la familiarité acquise avec le style de Scarlatti.

Je donne ci-après quelques règles générales pour l'exécution exacte des ornements d'après ma manière de les écrire.

1) L'appoggiature soustrait à la note qui suit la valeur représentée par sa notation:

2) L'acciaccature que l'on écrit invariablement: ♪, doit être jouée presque simultanément à la note qui suit.

3) Les mordants se développent par doubles croches et quelquefois par croches dans les temps rapides, par triples croches dans les temps modérés et par quadruples croches dans les temps lents.

Si ils sont indiqués sur des notes de courte durée, suivie immédiatement d'une autre note, ils perdent leur caractère de léger arrêt intentionnel et doivent être développés ainsi:

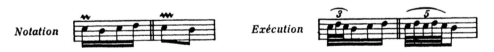

4) Le trille, non précédé par la petite note, commence sur la note supérieure. Son développement est indiqué par les petites notes de résolution.

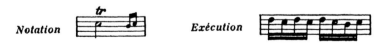

Si la petite note de *résolution fait défaut, le développement est indiqué par la* petite note *expressement marquée devant la note réelle:*

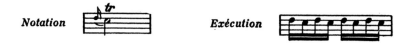

5) *Le trille qui doit commencer par la note réelle est précédé par une* petite note *homonyme qui en indique le développement*

Quand les petites notes *de résolution ont la même valeur que la* petite note *homonyme initiale, le trille a, dans sa résolution, une note de plus.*

Quand la petite note homonyme initiale et les petites notes *de la résolution ont une valeur différente, la première indique le commencement du trille, les secondes en indiquent le développement.*

De certains trilles, ayant un développement spécial, il est fait mention dans les remarques.

ABRÉVIATIONS.

C. V. = *Codice Veneziano.*

C. S. = *Codice Santini.*

E. O. = *Edition Originale.*

ALESSANDRO LONGO

N.B. — *Les morceaux marqués par un (i) — inédit —, paraissent ici pour la première fois; ceux marqués par un (é) édité —, ont déjà été publiés.*

Pour tous les morceaux — sauf pour les 30 de l'édition originale et pour quelques-uns contenus seulement dans la Collection Santini — je me suis tenu scrupuleusement aux Codes Vénitiens que je répute, vraisemblablement, transcrits de l'autographe de Scarlatti.

La précieuse Collection Santini est l'oeuvre de cet Abbé romain qui eût la constance de se former une bibliothèque entièrement écrite de sa propre main. Après la mort de Santini la bibliothèque fut vendue et le Recueil des oeuvres de Scarlatti, contenant environ 300 morceaux, finit par devenir de propriété de Brahms qui, de son vivant, en fit cadeau à la Bibliothèque du Conservatoire de Vienne.

De l'édition originale des 30 morceaux — le dernier desquels est celui fameux qui porte le titre la Fugue du chat — on ignore le lieu et l'époque de la publication; pour ce qui est de l'époque, il est certain que ce fut avant 1750 puisque le volume est dédié à Jean V, roi de Portugal. Il est précédé par une lettre emphatique de dédicace au Souverain et contient aussi quelques paroles particulièrement destinées aux lecteurs. Je les transcris ci-après parce qu'elles donnent une idée, comme du reste sa musique, de l'humour fin et enjoué de Dominique Scarlatti. En voici la traduction:

« *Lecteur,*

« *Ne t'attends pas, Dilettante ou Professeur, quel que tu sois, a trouver dans ces Compositions une conception artistique profonde, mais* « *plutôt l'enjouement ingénieux de l'Art qui rendra ton jeu sûr et franc au Clavecin. Ni l'intérêt ni l'ambition mais la seule obéissance m'a* « *poussé à les publier. Peut-être te plairont-elles, dans ce cas j'obéirai à d'autres ordres pour agrémenter tes loisirs avec un genre plus facile* « *et varié: sois donc humain plutôt que critique car de cette façon tu augmenteras ta jouissance. Pour t'indiquer la disposition des mains* « *je t'avertis que par D j'ai indiqué la main Droite et par M la main Gauche. Sois heureux* ».

C'est en exprimant ce voeu que je prends congé, moi aussi, des personnes studieuses qui voudront bien s'intéresser à cette publication et être indulgentes à mon travail.

A. L.

GENERAL NOTICE

TEXT.

Having not been possible for me to find the Scarlatti autographs I have considered as text the editions or the oldest manuscripts indicated in the remarks.

METHOD OF CORRECTION.

1) I have corrected, without making mention, all the errors evidently made by the copysts.

2) I have made mention of the unclear passages, in which I have deemed necessary to alter, suppress or add some note.

(I have suppressed a note in certain chords in which Scarlatti liked to group with the real notes of harmony one or more notes having character of *acciaccaturas*. Such chords, at first sight inexplicable, may have been effective on the harpsichord, but on the modern pianoforte are producing unpleasant hardness).

The added notes are marked in brackets. Those in brackets, in the bass, at the beginning of some pieces, have to be executed only in the repetition.

Of the bars added or suppressed, indication is made in the remarks

3) I have completely remade the notation, guided by the conception of a more correct distribution of the notes on the two staves.

4) I have added to the pieces the signs of colouring, phrasing, fingering and of metronome and, not being inclined to renounce at the opportune moments, to a precious element of the modern piano, have not unfrequently added also the *Pedal* signs.

INTERPRETATION OF THE EMBELLISHMENTS.

Scarlatti frequently used the *appoggiatura*, the *acciaccatura*, the *mordent*, the *double mordent* and the *trill*; very rarely the *turn*. In the manuscripts however, there is so little distinction between one sign and another, that it has often been necessary for me to direct myself with the help of the intuition, rendered simple and prompt — I will not risk to say sure — by the familiarity acquired with the Scarlatti style.

Here I give instructions for the exact execution of the embellishments according to my notation.

1) The *appoggiatura* diminishes the following note of the value represented by its notation.

2) The *acciaccatura* which is invariably signed so 𝄈, must be played almost simultaneously with the following note.

3) The *mordents* are developed in semiquavers and sometimes in quavers in the quick movements, in demisemiquavers in movements of moderate time and in semidemisemiquavers in the slow movements.

When the *mordents* appear over notes of brief value, followed immediately by another note, they lose the value of pause and must be developed so:

4) The *trill* not preceded by an *auxiliary note*, begins on the upper note. The figuration is indicated by the *auxiliary notes* of resolution.

If the *auxiliary notes* of resolution are missing, the figuration is indicated by the *auxiliary note* expressly written before the principal note.

5) The *trill* which must begin on the principal note is preceded by an homonymous *auxiliary note* indicating the figuration.

When the resolutive *auxiliary notes* are the same value as the initial homonymous *auxiliary note*, the *trill* has in the resolution an additional note.

When the initial homonymous *auxiliary note* and the resolutive *auxiliary note* are of different value, the first indicates the beginning of the figuration of the *trill* and the others indicate the developement.

Of some *trills* which have special developement mention is made in the remarks.

ABBREVIATIONS.

C. V. = Venetian Code.

C. S. = Santini Code.

E. O. = Original Edition.

ALESSANDRO LONGO

N.B. — The pieces countersigned by an (*i*) — inedited — are published for the first time here: those countersigned by an (*e*) were edited.

For all the pieces — except the 30 of the original edition, and some contained only in the Santini Collection — I have simply followed the Venetian Codes, which were presumably taken from the autograph of Scarlatti.

The precious Santini Collection is due to the Roman abbot who had the perseverance to form for himself a library completely hand written by him. After the death of Santini the library was sold and the Scarlatti Collection, containing nearly 300 pieces, passed into the possession of Brahms, who — while still living — was pleased to present it to the Conservatory of Vienna.

Of the original edition of 30 pieces — the last of which is so well known as the *Fugue of the cat* — neither the place nor time of publication are known; in regard to time, it is certain to have been before 1750 because the volume is dedicated to John V, King of Portugal. There is as introduction a magniloquent letter dedicated to the Sovereign, and there are also some words to the Reader. I reproduce the latter because they are showing, as his music, the fine and good natured humorism of Domenico Scarlatti. Here they are:

« Reader, dilettante or professor, which you may be, do not wait to find in these Compositions the profound artist conception, but rather
« the ingenious humour of the Art, which will train you to frankness with the Harpsichord. Neither view of interest, nor aim of ambition,
« but obedience, moved me to publish them. Perhaps you will find them agreeable and then I will be even more willing to obey other
« commands, to favour you with more simple and varied style: therefore show yourself more human than critic and then your pleasure will
« increase. To indicate the disposition of the hands I advise you that by the D is indicated the Right, and by the M the Left. Live happily ».

With this wish I also take leave of those students who will interest themselves in the present publication and be indulgent with my work.

A. L.

TAVOLA TEMATICA
TABLE THÉMATIQUE
TABLA TEMÁTICA
THEMATIC TABLE

DOMENICO SCARLATTI
(Alessandro Longo)

OPERE COMPLETE PER CLAVICEMBALO
VOLUME III: 10 SUITES

OEUVRES COMPLÈTES POUR CLAVECIN	OBRAS COMPLETAS PARA CLAVICÉMBALO
VOLUME III: 10 SUITES	VOLUMEN III: 10 SUITES
VOLLSTÄNDIGE WERKE FÜR KLAVIZIMBEL	COMPLETE WORKS FOR HARPSICHORD
III BAND: 10 SUITEN	BOOK III: 10 SUITES

SUITE XXI.

101.

Codice Veneziano: Libro I, N.9. *(e)*

9 (e simili) - *(y similes)*
(et semblables) - (and similar)

36 (e 37) - C. V.

8

(40)

(45)

(50)

(55)

C. V. Libro IV, N. 24.(c)

14

C. V. Libro VII, N. 15.(i)

22 (e 36) _ C. V.

79 (e 87) _ C. V.

SUITE XXII.

24

26

MINUETTO

107.

108.

109.

SUITE XXIII.

C. V. Libro XV, N. 26. (i)

C. V. Libro III, N. 21. (i)

C. V. Libro XII, N. 24. (i)

-45-47_ C. V.

C. V. Libro XIV, N. 30. *(i)*

49 _ C. V.. a)

115 _ C. V. b)

60

SUITE XXIV.

C. V. Libro XIII N. 5. (i)

16 _ C. V. a)   22 _ C. V. b)

C. V. Libro I, N. 3. *(i)*

C. V. Libro XI, N. 13. (i)

74

78

21   (e simili)   -   (y similes)
     (et semblables) - (and similar)

SUITE XXV.

82

C. V. Libro XV, N. 21. (t)

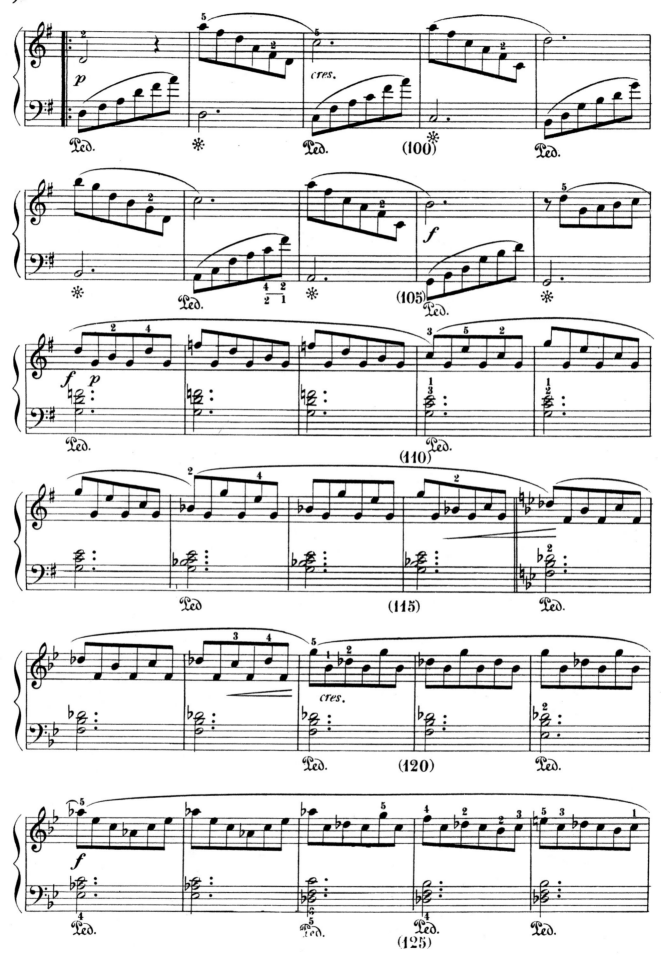

C. V. Libro IV, N. 25.

17-20 _ C. V.

125.

SUITE XXVI.

in tempo
p
mf
f p cres.
mf
(35)
dim.
p rall.
in tempo
p
mf
f p cres.
(40)
f
tr
Ped.
p cres.
f
(45)
Ped.

41_C. V.

(65)

(70)

(75)

(80)

SUITE XXVII.

131.

C. V. Libro III, N. 6. (e)

74 _ C. V. ... 77 (e 79, 85, 87) _ C. V. ... 82 (e 90) _ C. V.

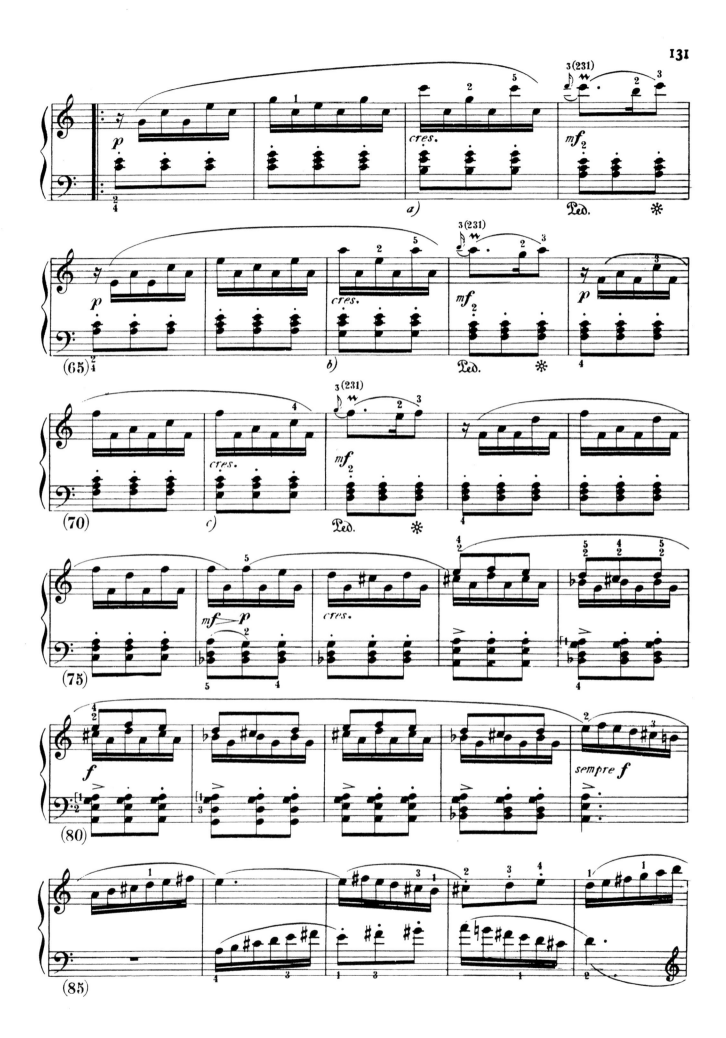

C. V. Libro III, N. 7. (1)

SUITE XXVIII.

136.

139.

SUITE XXIX.

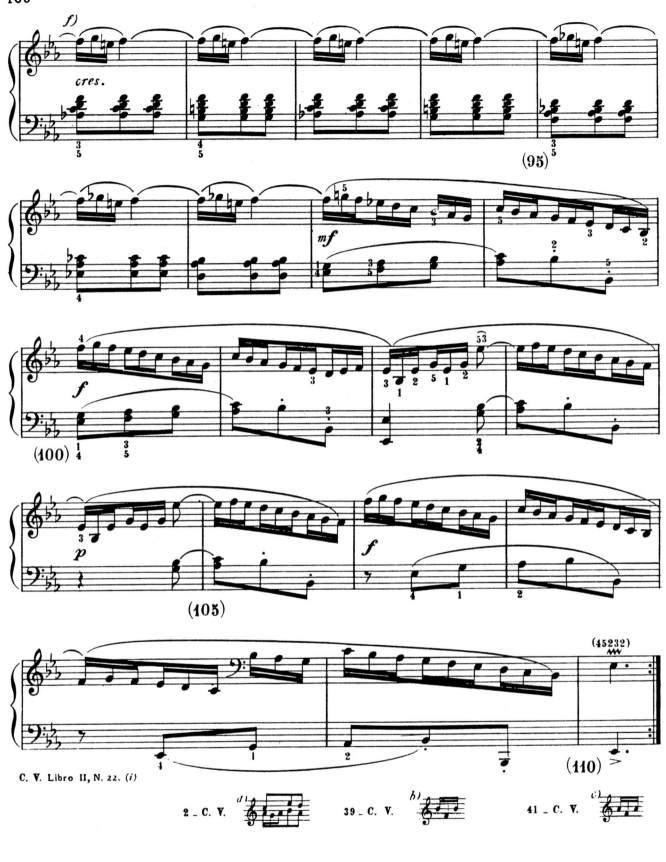

C. V. Libro II, N. 22. (i)

C. V. Libro II, N. 18. *(i)*

17 - 18 _ C. V.

C. V. Libro VI, N. 16. (i)

SUITE XXX.

(70)

(75)

(80)

(85)

C. V. Libro II, N. 26. (i)   (35)

(95)

(100)

a)

(105)

(110)

C. V. Libro IV, N. 26.(e)

101 (e 105)_C. V.

188

C. V. Libro IX, N. 29. (i)

150.